CHRONIQUES D'UN

ICONOCLASTE

© 2019 MARK LORDLING.

Édition : BoD – Books on Demand,
12/14 rond-point des Champs-Élysées, 75008 Paris
Impression : BoD - Books on Demand,
Norderstedt, Allemagne

Illustration: MARK

LORDLING

ISBN : 9782322388103

Dépôt légal : janvier 2020.

MARK LORDLING

CHRONIQUES D'UN ICONOCLASTE

TOME 1

A 40 ans, si on n'est pas misanthrope, c'est qu'on n'a jamais aimé l'humanité.

HONORÉ DE BALZAC.

J'ai, pour me préserver du jugement des autres, toute la distance qui me sépare de moi-même.

ANTONIN ARTAUD.

Some hair - scusi[1]- Sommaire.

Une réminiscence de la comédie musicale (1969) et du film de 1979.

Claude Bukowski, jeune fermier de l'Oklahoma, désire visiter New York avant de partir pour le Viêt Nam. À Central Park, il se lie d'amitié avec un groupe de hippies. Cette rencontre va bouleverser sa vie.

Préface

Chapitre 1 : Voyages en Grèce.

Chapitre 2 : La vie sédentaire.

Remerciements.

Bonus : inclus, un dvd des saisons complètes de "La villa des coeurs brisés" (blague, pour le dvd) pour ceux(celles) qui seraient tombés par inadvertance sur ce livre, ou qui préfèrent largement regarder la télévision.Pour ceux qui liront ce recueil jusqu'à la fin, merci, et rendez-vous au deuxième tome, peut-être...

---

[1] Pardon en italien.

VOYAGES EN GRÈCE

PRÉFACE (OU TRÉPIED).

Voici le premier tome de mes chroniques iconoclastes, où je vais tenter de parler du passé, du présent et du futur, quelques fois dans un ordre différent, puisque comme [2]L'énonçait Mister Albert Einstein au sein de ses recherches physiques ; - Loi de la relativité - [3]

---

propose, en 1905, la théorie de la relativité restreinte comme un nouveau cadre pour décrire de façon cohérente les phénomènes physiques mettant en jeu des vitesses proches de celle de la lumière.
En imposant l'universalité de la vitesse de la lumière, la relativité restreinte mène à une description profondément modifiée de toute la physique, dont la toile de fond devient un espace-temps quadridimensionnel. Des concepts aussi importants que la simultanéité de deux événements ou la longueur
d'un objet deviennent relatifs aux référentiels dans lesquels on les observe. La masse (m) d'un corps est comprise comme son énergie (E) au repos ($E = mc2$), c étant la vitesse de la lumière. Les nombreuses conséquences expérimentales de la relativité restreinte ont été maintes fois confirmées. En 1915, Einstein généralise le principe de relativité et en déduit une

VOYAGES EN GRÈCE

Donc, fort de ce précepte émanant de ce personnage pittoresque à plus d'un titre, je rajouterais ; "le temps est élastique", et l'on peut sauter à la corde, même à 50 ans, si on passe son bac en candidat libre dans la cour d'école primaire réquisitionnée à cet effet, plutôt que la mettre autour du cou dans le préau, pensant qu'on a raté sa vie, s'étant fait tirer sa Rolex (allusion à la maxime de Jacques Séguéla, me semble-t-il : "si à 50 ans, on n'a pas de Rolex au poignet, c'est qu'on a raté sa vie" : Mort de rire, comme disent les jeunes!) par la bande de la guerre des boutons, la veille de cet examen si cher pour l'éducation nationale…

Je fais ce recueil de souvenirs de ma vie passée, présente et future comme je l'ai indiqué plus haut, parce que je pense que j'ai vécu des choses que la plupart des gens sédentaires, qu'ils soient français ou autres, ne connaissent pas. (je ne parle pas

---

nouvelle théorie de la gravitation fondée sur la notion d'espace-temps courbe.

VOYAGES EN GRÈCE

de voyages touristiques tels entendus ainsi, mais du trip " sac à dos, sans argent, dormant dehors, travaillant soit dans mes domaines artistiques, ou en saisonnier Par-delà les différentes contrées qu'il m'a été donné de croiser…).

Je conçois aussi ceci afin de rendre hommage à mes profs d'histoire-géo, d'anglais, de dessins, et surtout de français, qui supputait à mon encontre des qualités indéniables de soif de connaissances, et aptitudes, que même un alcoolique saurait appréhender.

Cette prose est aussi faite pour les salarié(e)s, qui, après une bonne journée de travail, voudraient penser à autre chose après le dîner du soir, et s'accorderaient une petite demi-heure ou plus, afin de feuilleter quelques pages de lecture d'une autre vie que la leurs, satisfaits d'avoir un job régulier et de ne pas avoir eu la malchance (ou le contraire) d'avoir vécu une vie dissolue, dure et incertaine chaque jour que la nature

VOYAGES EN GRÈCE

prodigue.

NB : ce livre est déconseillé aux plus de 110 ans pour les risques d'attaques cardiaques, ainsi Jeanne Calment ne se retournera pas dans sa tombe ; et déconseillé aux moins de 16 ans, afin d'éviter des images trop violentes (ils ont ce qu'il faut avec les jeux vidéo, etc.) et traumatismes pré-adultes...

Je précise aussi, à l'instar des avertissements de fictions cinématographiques, et autres, que tout rapprochements avec des personnages existants ou ayant vécus, lieux, événements, etc, ne sont nullement fortuits, et coïncident, et que la totalité de ce récit est effectivement la réalité de mon existence passée, présente et future, puisque je sais à quoi m'attendre à peu

près, avant mon trépas - dans cette vie, en tout cas -.

Sur-ce, bonne lecture, et que dieu, bouddha, Allah, Jéhovah et consorts vous

VOYAGES EN GRÈCE

gardent…

Je précise aussi que le personnage principal de ces chroniques sera un alter égo qui se nommera "Jack", afin de me dédouaner de toutes poursuites ou griefs pouvant me concerner. Donc, vous pouvez lire ceci comme un roman, si vous voulez, bien que tout soit véridique, je le jure - la parole est à l'accusation. - (blague) …

Textes et dessins : Mark Lordling.
Sauf citations externes, Wikipédia, extraits de chansons, et photos diverses et variées…

VOYAGES EN GRÈCE

VOYAGES EN GRÈCE

J'ai 24 ans, je suis à Lorient (en France) avec ma copine. Elle travaille dans une usine de poissons, mais pas de place pour moi. La relation est sympa, la télé, ça passe le temps, mais j'ai envie d'autres choses, encore…

Comme par hasard, après avoir zoné dans cette ville pendant quelques temps avec un collègue SDF (caravane pendant un mois), Nous rencontrons un gars qui est parti pas mal de temps en Grèce (et qui y est encore dans sa tête. On passe une soirée chez lui, et entre deux palabres, je scotche sur la carte de ce pays, affichée ostensiblement au mur…

OK, j'ai compris que la décision que j'avais prise à Toulouse, alors que je pouvais faire un bout de vie avec une copine (c'est-à-dire bouger à l'étranger, était la mauvaise), mais, "too late" for me, car plus de logement dans le sud. Aaah, Nathalie de Toulouse, que de regrets. La vie normale, les gosses, le boulot, et un mois dans l'année dans des pays lointains. Errare humanum est[4], mais la grosse erreur de ma vie.

---

[4] on latine qui signifie « L'erreur est humaine, persévérer [dans son erreur] est diabolique ». Elle est parfois attribuée à Sénèque, mais elle existait antérieurement.

VOYAGES EN GRÈCE

Maintenant, obligé de la jouer à la Jack Kerouac*.

(Quand je mettrai un astérisque comme cela, se référer à internet ou votre culture générale (non, pas les plantes)…

*auteur américain des années 1950, "sur la route" et "les clochards célestes" entre autres…

Un petit dessin pour se détendre…

VOYAGES EN GRÈCE

VOYAGES EN GRÈCE

Bon, bah dorénavant, avanti l'aventura. Je passe encore quelque temps avec ma copine, mais mon esprit est ailleurs. Elle me propose même de partir avec moi mais chevaleresque comme je l'ai toujours été (même en hiver) pas envie de l'embarquer dans un périple d'un an à dormir dehors et plus de logement pour elle au retour…

J'ai bien dormi (vous aussi j'espère) et je reprends donc mon texte en vous signalant par ailleurs que je vais émailler ce récit de quelques dessins humoristiques (car je suis graphiste et peintre aussi) et poèmes à la sauce marginale parce que j'ai quand même passé 7 ans dehors à zoner et voyager. Voilà, pour ne pas me lasser et peut-être vous enlacer dans cette prose…

VOYAGES EN GRÈCE

Bien, je reprends. Je quitte donc Lorient[5] et la Bretagne (une partie de mes origines (l'autre, je vous en parlerai plus tard dans le tome 2 de ces chroniques, si ce livre vous a intéressé) et je pars vers Paris pour travailler afin de me payer ce voyage. J'arrive donc à la gare Montparnasse (parnasse qui est d'ailleurs un mont de Grèce*) et je trouve des jobs dans la restauration (plongeur en basse mer, aide cuistot et j'amasse une fortune (enfin 2000 francs de l'époque, faut pas oublier que l'on est en 1989).

Je dors dans des hôtels miteux (mais bon, sans les cafards ; comme quoi les légendes urbaines). voilà j'ai un peu de fric et « le fric c'est chic » comme dit la chanson. J'aurai pu prendre le train ou l'avion comme tout le monde, mais justement je ne suis pas comme cela.

---

[5] **Lorient [lɔʁjɑ̃]**Note 1 Écouter est une commune française située dans le département du Morbihan, en région Bretagne. Cité portuaire active et arsenal maritime au fond de la rade de Lorient, la ville est au cœur de l'unité urbaine de Lorient qui est la plus importante du département et se classe au troisième rang en région Bretagne.

VOYAGES EN GRÈCE

Donc, pour économiser un peu de flouze (argent en argot), je décide de passer par la Belgique en stop. Ca caille dur là-bas aussi (on est au mois de Février) mais bon, je m'emmitoufle dans mon duvet et ça passe. J'arrive en suisse, dépose quelques grammes de drogues (blague) à la banque Rothschild et continue vers l'Italie. Là, le stop fini, et prends donc le train à Turin pour aller vers le sud via Brindisi (côte adriatique en face de mon but). "Permesso billette", et c'est tout.

Brindisi est sympa car plein de routards qui s'en vont là ou vous savez, ou les Balkans, quelques uns vont rejouer la trame du film "Midnight express"[6] en Turquie, mais c'est leur problème, je ne suis pas guide touristique ou assistante sociale, vu la situation au point de vue cames diverses là-bas. Je précise aussi que j'écris

---

[6] Billy Hayes, touriste en Turquie, est arrêté à la frontière avec deux kilogrammes de drogue sur lu Bili. Condamné à quelques jours de prison, le jeune homme découv que sa peine a été muée en prison à perpétuité par le gouvernement souhaitant fai de son cas un exemple. Désemparé, Billy multiplie les procès et parcourt les prison les plus sordides.

VOYAGES EN GRÈCE

ces lignes 27 ans après les faits (putain on dirait "faites entrer l'accusé", au secours ! bref, je parle de cela car je ne sais pas pourquoi, mais je n'ai pas emmené de cahiers pour noter ce que je vivais au cours de mes pérégrinations en Europe (pour ce qui est d'aller plus loin, sur d'autres continents, pas les moyens et l'envie à cet âge) bien qu'à l'âge de vingt ans je voulais me barrer en inde et finir mes jours là-bas. J'avais lu le livre « flash » de Charles Duchaussois[7], qui, m'avait marqué profondément. C'est l'histoire d'un mec ; heu pardon ça c'est Coluche, c'est donc l'histoire d'un gars idéaliste comme moi et tant d'autres (enfin très peu, mais bon, passons) qui en avait marre de l'occident égoïste et

---

[7] De Marseille au Liban, d'Istanbul à Bagdad, de Bombay à Bénarès, en bateau, à pied, en voiture, Charles peu à peu se rapproche de Katmandou, le haut lieu de la drogue et des hippies. Sa route est jalonnée d'aventures extraordinaires. A Beyrouth, il s'associe à des trafiquants d'armes, il participe dans les montagnes du Liban à la récolte du hachisch. A Koweit, il dirige un night-club. Au Népal, il devient pendant quelque temps le médecin et le chirurgien des paysans des contreforts de l'Himalaya. C'est enfin l'épisode de Katmandou et l'évocation saisissante de l'univers des drogués : l'opium et le hachisch qui font « planer », le « flash » de la première piqûre, le « grand voyage » du L.S.D. Jamais peut-être un homme, sauvé *in extremis*, n'était allé aussi loin et n'avait pu revenir pour dire ce qui se passe là-bas.

VOYAGES EN GRÈCE

individualiste, et qui prend des drogues dures à Katmandou -Népal- et qui s'en sort par on ne sait quel miracle (enfin, je crois qu'il arrive à rentrer dans l'indifférence générale ; (évidemment : occident susmentionné) et qui a dû passer à l'HP contempler les arbres pendant

quelques temps, comme Camille Claudel[8] à son époque. (elle, ce fût jusqu'à la fin de sa vie pendant 25 ans, mais il fallait qu'elle se repose,

---

[8]Camille Claudel, née à Fère-en-Tardenois (Aisne) le 8 décembre 1864, et morte à Montdevergues (Montfavet - Vaucluse) le 19 octobre 1943, est une sculptrice et artiste peintre français

Collaboratrice, maîtresse et muse du sculpteur Auguste Rodin, sœur du poète, écrivain, diplomate et académicien Paul Claude sa carrière est météorique, brisée par un internement psychiatrique et une mort quasi-anonyme. Un demi-siècle plus tard, un livre (Une femme, Camille Claudel d'Anne Delbée, 1982) puis un film (Camille Claudel, 1988) la font sortir de l'oubli pour le grand public.Son art de la sculpture à la fois réaliste et expressionniste s'apparente à l'Art Nouveau par son utilisation savante des courbes et des méandres.

VOYAGES EN GRÈCE

comme le penseur de Rodin[9], son pygmalion). Brindisi est une petite ville italienne du sud en face de la mer adriatique. J'y attends le ferry-boat qui doit m'emmener en Grèce et j'apprends alors que le port de destination s'appelle Patras. Okay, c'est cool, je n'ai plus qu'à trouver un endroit pour dormir ce soir. Je rencontre des gars qui vont au même endroit et on trouve une baraque abandonnée qu'on squatte illico presto. On achète du pain, du saucisson, du fromage, et du pesto je crois. Avec du vin rouge, ça passe comme une lettre à la poste du quartier. C'est la troisième fois que je "navigue" en Italie, et franchement je ne me lasse pas de leur nourriture, et de leur accueil aussi. Ce repas est aussi « la sainte trinité" pour moi durant mes voyages...

La soirée se passe bien, je suis avec des hollandais, anglais et italiens, et comme je

---

[9] **Auguste Rodin** (René François Auguste Rodin), né à Paris le 12 novembre 1840 et mort à Meudon le 17 novembre 1917, est l'un des plus importants sculpteurs français de la seconde moitié du xixe siècle, considéré comme un des pères de la sculpture moderne.

VOYAGES EN GRÈCE

parle assez bien la langue de Shakespeare, on se comprend. Le ferry-boat est à 13 heures à peu près et nous avons le temps de nous balader en ville, et pour ma part, je les laisse un peu pour aller m'asseoir sur le quai pour admirer la mer, qui même en hiver me réchauffes le corps et l'âme, comme disait Brassens, dans « La mauvaise réputation ». Bon, allez, après une heure de farniente, je rejoins mes potes de voyages et nous montons sur le bateau pour une traversée pas trop mouvementée car la mer est calme.

Petits fours, champagne et prostituées à bord. (Blague). Non, c'est plutôt boire une bière et un sandwich car chacun qui comme moi y va pour l'aventure n'a pas beaucoup de thune. Par contre, je me la joue à la Di Caprio dans Titanic, et scotche à l'avant du bateau en pensant à tous les souvenirs que je vais pouvoir raconter à mes potes et mon frère en rentrant de ce périple, car je compte rester au moins trois ou quatre mois (mais le contenu attendra, puisque j'y suis resté 8 mois en tout…

VOYAGES EN GRÈCE

« Interlude »

Je viens d'apprendre que des étudiants américains s'amusent à jouer les sdf pendant 48 heures dans des parcs entourés de grillages !!! Juste pour voir ce que peuvent ressentir les vrais exclus. Dans un pays avec 40 millions de gens dans la galère, ils verront bien

s'en sort le mieux en cas d'attaques nucléaires.

Ça, c'est mon avis. (Source : Envoyé Spécial.)

Nous abordons la côte de Patras et débarquons sur le quai, où là, évidemment c'est chacun pour sa tronche parce que mentalité occidentale quand-même.

Je me retrouve donc seul et inspecte les environs. Je ressens comme une discrétion non feinte des habitants de cette ville, pourtant port de débarquement de tous les touristes et voyageurs d'Afrique et d'Europe. J'ai un peu faim, mais je sais que les 2000 balles que j'ai économisées à Paris se sont envolées sur la route…

VOYAGES EN GRÈCE

Il me reste quand-même de quoi acheter mon premier Pita (sorte de kebab) grec et une bière que je déguste dans un parc assez sympathique. Mais bon, pas de quoi faire des bacchanales pour le moment. Après avoir repris des forces,

je réfléchis à comment je vais pouvoir poursuivre ce voyage qui me tient à cœur, et comme j'ai bossé dans pas mal de boulots différents dans ma jeune vie, déjà, je me dirige vers un café-restaurant et aborde les premiers grecs que je rencontre, et coup de bol, ils travaillent dans le bâtiment, et n'embauchent pour quelques jours comme manutentionnaire.

Porter des sacs de plâtre, faire du carrelage, monter en échafaudage etc... Mais bon, par contre, ils ne peuvent pas me loger et je suis obligé de me débrouiller pour dormir, et après une bonne journée de labeur, je me réfugie sous le porche d'une église. Le lendemain, rebelote et je bosse comme cela quelques jours pour remplir un peu le porte-monnaie, et continuer

VOYAGES EN GRÈCE

ma route sur le Péloponnèse. L'église, ça va un moment aussi mais je ne suis pas sujet au syndrome de Stockholm, donc je ne vais pas m'engager dans la prêtrise...

Les grecs sont corrects en ce qui concerne l'argent pour le travail effectué, et ils me payent ce qu'ils me doivent, mais comme c'est du travail au black la plupart du temps, c'est assez minime mais cela permet de continuer à bouger. Je me dirige vers la gare et arrive à choper un train pour l'est du Péloponnèse, ou je m'arrête dans un bled en pleine montagne du nom de Kalavryta…

Je m'arrête dans un bar qui fait aussi restaurant, salle de jeux et lieu de débauche (je rigole pour la débauche) et commande un café. Il est 15 heures à peu près et je demande au patron s'il y a du boulot dans le coin. Il me répond que ça peut se faire car c'est le début de la saison des

VOYAGES EN GRÈCE

oranges dans quelques jours.

Je lui demande :

- et les saisonniers sont déjà là ?

- oui mais ils se reposent en ce moment.

- ou puis-je les rencontrer ?

-     sur les hauteurs, dans leurs tentes ou dans leurs grottes.

- ah bon merci.

Je vous rappelle que nous sommes mi-février, mais comme la Grèce est un pays européen, mais méridional, la cueillette des fruits en plein air se fait très tôt dans l'année. Je me dirige donc vers les hauteurs, et découvre un amalgame de toiles de tentes, de travellers, pour la plupart

assez cool, et engage les conversations. Comme à Brindisi, je suis content de pouvoir parler en anglais, car si je me suis barré de France, ce n'est pas pour discuter le bout de gras au bar pmu du coin.

VOYAGES EN GRÈCE

L'ambiance semble détendue et je vais me reposer un peu dans cette grotte où il fait assez frais, mais pas trop. Tout le monde fait la sieste mais je préfère me relaxer en écoutant la radio au walkman. Le soir venu, tout le monde se rassemble au bar susmentionné, et je découvre le trip du coin. Certains boivent du retsina (rosé grec) ou de l'ouzo (alcool fort ressemblant au gin, mais en plus fort, car fait maison) en jouant aux cartes, alors que d'autres se restaurent avec les spécialités du coin.

Quant à moi, j'ai un peu la dalle, donc je prends un plat typique de la région :

- Un sanglier et de la cervoise, s'il vous plaît !
- Ah, excusez-moi, je me croyais dans « Astérix et Obélix ».
- Non, sérieusement, je déguste une salade grecque qui ressemble à la photo que je vais vous proposer à la page suivante…

VOYAGES EN GRÈCE

Ça fait du bien de se retrouver dans un petit bled de campagne, loin du tumulte, de l'agressivité et de l'indifférence occidentale. Bon, c'est sûr que ce n'est pas la Thaïlande, mais on fait avec les moyens du bord…
Demain, c'est travail dans les orangeraies, mais l'ambiance est sympa donc je reste un peu au bar restaurant et regarde les traveller's vaquer à leurs occupations ; Jeux de cartes encore, discussions, et même une fille qui fait de la couture, et son pote qui fabrique des bracelets de toutes les couleurs…

A mon avis, ceux-là ne vont pas trop bouger du coin avant un certain temps…

Quant à moi, cette fois-ci, je trace vers les hauteurs pour rejoindre les grottes, qui, précision, servait d'abris aux anciens guerriers grecs de l'antiquité…

Nous nous endormons rapidement car la journée a été bien remplie, et je suis dans les

VOYAGES EN GRÈCE

bras de Morphée. (Qui était un des fils d'hypno dans la mythologie grecque, suscitant les rêves).

Voici d'ailleurs une petite salade grecque que j'ai affectionnée tout au long de mon voyage…

VOYAGES EN GRÈCE

Bon appétit !!!

Salade à base de légumes divers : courgettes, aubergines, tomates, basilic, feta, thym, romarin, et salade. (Logiquement, ce sera en noir et blanc, mais cela est juste pour vous mettre en appétit) . Voici la carte du Péloponnèse...

VOYAGES EN GRÈCE

J'ai bougé un peu partout dans cette carte...

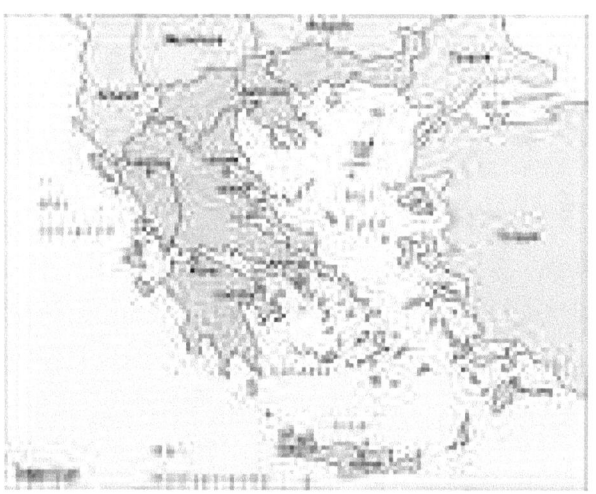

Premier jour de travail dans le maquis d'orangerie. Pas de problème pour moi, car le boulot physique ne me fait pas peur. Bonne ambiance encore avec les travellers, et les grecs sont bien contents de trouver de la main d'œuvre, car leurs congénères (comme dans les pays développés du nord) sont peu enclins à faire ce genre de turbins qui sont dévolus aux immigrés espagnols,

VOYAGES EN GRÈCE

portugais, et africains du nord et du sud. 13 heures : Le repas n'est pas fourni évidemment, et chacun se débrouille pour se restaurer.

Ceux qui sont là depuis un certain temps amènent leurs victuailles achetées à l'épicerie du village, et ceux qui viennent d'arriver comme moi se contentent de quelques oranges, qui font l'affaire pour un début. 30 mn de pause, et c'est reparti pour une après-midi de récolte.

Mais bon, je suis jeune, robuste, et cela ressemble presque pour ma part à une chasse aux papillons, où à la cueillette des champignons…

17 heures, la journée de travail se termine, et tout le monde s'égaille dans le village, après avoir reçu la paie de la journée (la plupart des traveller's préfèrent ce mode de paiement, puisque demain, peut-être, ils reprendront la

route vers un nouveau lieu de travail. En ce qui me concerne, je viens d'arriver, donc «

VOYAGES EN GRÈCE

piano, piano » comme on dit en Italien (doucement, doucement). Je viens de toucher environ 5000 Drachmes, ce qui nous fait à peu près 15 euros d'aujourd'hui...

Bon, okay, c'est pas le Pérou, mais cela suffit pour subvenir à mes besoins, et ceux des autres travailleurs qui s'empressent comme "myself" - moi-même, en anglais, - d'aller acheter à manger, ou de se rendre au restaurant-café, qui se trouve à 500 mètres à vol d'oiseau du lieu de turbin. Pour ma part, je me rends vers l'épicerie où j'achète du pain, du fromage, de la charcuterie, et un peu de vin, ce qui fera l'affaire pour ce soir, et qui revient quand même moins cher que le restaurant.

Bon, retour à la grotte des anciens grecs, et c'est parti pour une orgie mémorable ! (Joking) .Non, sérieusement, tout le monde est vanné, à part les filles qui tricotent et vannent, justement, et les gars s'endorment en pensant peut-être aux exploits guerriers qui ont dû se dérouler dans les

VOYAGES EN GRÈCE

parages, au temps d'Homère Simpson (heu, pardon, ça c'est une autre histoire)…

Je reste une dizaine de jours à bosser les oranges, avec quelques hollandais en plus, ça tombe bien (pour ceux qui connaissent le football), mais je dois tracer vers le sud du Péloponnèse en bossant le plus possible, puisque, comme je l'ai énoncé plus haut, je suis arrivé à Patras en épuisant toutes mes économies durement glanées à paris. Mais bon, nous sommes en 1990 et la Grèce n'est pas encore tombée dans la crise des années 2000, et pour les traveller's comme moi, on peut travailler en saisonnier sans problème durant l'année, et nous sommes les bienvenus, puisque les Grecs préfèrent se remplir les poches vers les grandes villes en jouant les fonctionnaires, ou les hommes et femmes d'affaires. Comme partout en Europe, d'ailleurs…

Je me suis fait un peu de flouze sans flouer qui

que ce soit, d'ailleurs, l'arnaque c'est pas mon truc, avant ou après ce voyage, et si j'avais fait ce genre de combines, cela m'aurait valu quelques gardes à vue, et des vacances logées nourries, non pas à l'ombre d'un cyprès, mais dans 9 mètres carrés, sans ventilateur, et à la mode « Midnight express » (film des années 80 sur un gars qui tombe pour Trafic de haschisch en Turquie, et qui en bave des rond de chapeaux durant quelques années) Heureusement, j'avais visionné cette pellicule bien avant d'entreprendre mes excursions et Je savais à quoi m'attendre si je dépassais la ligne jaune, même sans prendre de coke (jeu de mots).

Cela fait deux fois que je cite ce film au sein de ce chapitre ; Pour dire que ceci m'a marqué au fer rouge, comme un veau au sein du troupeau, sacrilège pour un rebelle ; mais bon : je possède ma carte d'identité, par obligation, tel le citoyen

VOYAGES EN GRÈCE

lambda européen, sacrifice afin de pouvoir voyager, concessions, quand tu nous tiens par les cornes ...

Bon, c'est pas le tout, mais j'ai envie de découvrir ce pays mythique qu'est la Grèce, non pas en mode touriste de masse comme le font la plupart des gens, en s'agglutinant sur les îles des Cyclades genre Mykonos, Paros ou Lesbos pour celles qui apprécient les moules fraîches, mais en mode routard, en travaillant au hasard des rencontres, et en dormant à la fraîche la plupart du temps... Je passe par Killíni au nord-est du Péloponnèse qui culmine à 2376 mètres et passe une nuit tranquille, au milieu de ce décor montagneux, qui enjoint à la méditation et la réflexion, en compagnie du petit et grand ours dans le ciel étoilé, dégagé, et sans pollution évidemment...

VOYAGES EN GRÈCE

Allez, deux petits Quatrains, vite fait…

La nuit, pourtant, est belle,

Avec sa myriade d'étoiles

Aussi jolies que le soleil,

Parti dans d'autres toiles.

Pas besoin d'écran,

Dans ce grand cinéma

Moucheté de points blancs,

Qui ouvre grand ses bras.

Mark Lordling : 2017 ©.

VOYAGES EN GRÈCE

Après cet intermède poétique et relaxant au sein de l'altitude revigorante, je fais du stop pour atteindre Argos, puis Tripolis, à bord d'une des nombreuses camionnettes transportant le plus souvent des sacs de 50 kilos de légumes, tels des courgettes, tomates, pastèques et oranges, fruit du travail des saisonniers enchaînés, pardon, volontaires. Je précise cela car je remarque que dans ce pays, en tout cas à cette époque, pas de maghrébins, noirs africains ou espagnols, qui bossent dans d'autres pays tels l'Italie ou la France. Allez savoir pourquoi, mais bon, cela nous arrange comme prérogatives...

Je m'arrête quand même à Langadia, car plus de thunes, et besoin de bosser pour aller plus loin dans mon périple. Arrêt dans un café où je rencontre des travailleurs occidentaux (encore) et me renseigne sur les boulots du coin, et évidemment (février) il n'y a que les oranges à récolter pour le moment. Ok, ça me va, et après avoir fait connaissance avec les anglais, hollandais, ou italiens, chacun et chacune va faire son plan soirée et couchage en respectant bien les ethnies. Et ho ! On t'accepte, mais on n'a pas gardé les McDonald's ensemble, semblent-ils me faire comprendre sans prononcer un mot. Ah !! "La "solidarité humaine", quelle magnifique duperie qui revient plutôt à « démerde toi tout seul, nous, on reste entre nous ». Bref, le message est reçu 5 sur 5, et je m'en vais dormir à la belle étoile sur la montagne qui m'accueille , elle, 10 sur 10. Je fais d'ailleurs la rencontre d'un français qui a atterrit là par hasard, me dit-il, car il n'y avait plus de place au « camping des flots bleus » dans l'hexagone (semi-blague). Nous discutons un peu de la pluie et du beau temps, surtout du beau temps, puisque nous sommes début Mars, et je peux dormir juste avec le duvet, n'ayant pas emmené de tente (ni ma tante) et me

VOYAGES EN GRÈCE

débrouillerai comme cela pendant la durée totale de mon voyage en Grèce (7 mois). D'ailleurs, c'est cool comme ça, car je peux fumer ma clope avant de dormir, en admirant le paysage, et les loups garous de passage. Je parle de cela parce que les animaux qui pourraient m'importuner sont bien sages aussi…

(Pas le temps d'en faire un petit poème, scusi)…

Le lendemain, retour au turbin, et cela devient le train-train (tiens, ça rime, c'est bien) pour 10 jours encore… Par contre, je taxe quelques bouts de plastiques, sans la TVA, et me fais un abri pas loin du français, sous un olivier, pour le reste de mon temps ici.

Allez, un petit extrait de la vie de bouddha, puisque je pratique cette philosophie depuis l'âge de vingt ans.

Bouddha dédié les ¾ de sa vie à voyager et enseigner, ce jusqu'à l'âge de sa mort, à 80 ans, les derniers mots qu'il

VOYAGES EN GRÈCE

prononça à ses disciples furent les suivants :
« Tout dans ce monde est changeable, rien ne dure.
Travailler dur est votre seul moyen d'atteindre votre salvation »

BUDDHA
AKA : « Celui qui est éveillé »
488 millions de « followers » à travers le monde

Son Histoire : a quitté une éducation privilégiée après avoir pris conscience de la souffrance du monde l'ayant fait réfléchir sur le sens réel de la vie
Enseignement : a passé 45 années à voyager dans l'Inde pour enseigner la pleine conscience autant aux nobles qu'aux prisonniers
Classement de son livre sur Amazon : #222 213 avec « Buddha's Diet » – le régime de Bouddha : l'art de perdre du poids sans perdre son esprit.
Fait : a si strictement pratiqué l'austérité qu'il a failli en mourir de faim
Citation clé : « Pour jouir de sa santé, un homme doit d'abord contrôler son esprit. Un homme qui contrôle son esprit a sa route toute tracée vers la sagesse et les vertus lui parviendront naturellement »
Anecdote : a déjà passé 3 jours à contempler la vie sous un figuier pour en venir à un éveil spirituel
Prix : Le Gautama Buddha Peace Award a été créé en son

honneur en 2002 (sources : wikipédia)
Hommage : a inspiré de nombreux films dont les très célèbres « Little Buddha », « Buddha's Palm » ou encore

VOYAGES EN GRÈCE

« 7 ans au Tibet » avec Brad Pitt.
Documentaire : l'excellent « The Buddha » sorti en 2010.

Le jeune Siddhartha se promit de s'asseoir sous un figuier et de ne plus en bouger avant

d'atteindre l'éveil. Il médita ainsi 3 jours avant la transcendance, et ce ne fut qu'après une longue et intense bataille mentale avec Mara (Dieu du désir) qu'il devint celui qu'on appelle "l'éveillé", Hakka Bouddha.

Les 10 jours sur Langadia sont presque terminés, le temps de cerner psychologiquement les saisonniers qui bossent avec moi, en tentant de faire copains-copines, mais franchement, c'est pareil qu'à Kalavryta , une certaine connivence en moins, avec un anglais qui se prenait pour Lawrence d'Arabie, entouré de son pseudo harem, vers lesquels je me présentait cool comme Raoul, et qui m'a fait comprendre que c'était chasse gardée pour sa pomme d'Adam, que j'aurai bien trituré avec une « prise de serpent » que j'avais apprise à l'armée , mais bon, je me serais retrouvé au commissariat du coin et mon périple en Grèce aurait été bien compromis, voire pire…

Ceci dit, une de ses sabines se baladait régulièrement dans le village en aguichant tous les mâles saisonniers du coin, en proposant la botte et ses souliers de cendrillon par la même occasion, et n'étant pas fait de bois, comme dans les campagnes françaises et autres, je me proposait à l'instar de quelques autres traveller's, de faire risette avec la Spice Girl, mais nous comprîmes que c'était impossible d'enregistrer une chanson pop pour le top 50, en compagnie de cette foldingue, qui semblait sortie tout droit d'un HP de la perfide Albion.

Bref, le lendemain, je rassemble mes esprits, et mes affaires, et prends le car, direction Tripolis, passage obligé pour le sud du Péloponnèse, et atterris à Kalamata, au bord de la mer, d'où

VOYAGES EN GRÈCE

j'espère capter le ferry-boat pour la Crète du coq grec…

Kalamata est une petite bourgade bien sympa comme les autres villages un peu peuplés du Péloponnèse, et je ne tarde pas à rencontrer quelques traveller's en stand-by, qui veulent se rendre en Crète, afin de continuer leurs voyages ésotériques, like myself. La première nuit, je la joue en solo, et trouve une grange abandonnée aux vents et marées, qui me sert d'abri pour la nuit douce de Grèce.

Pas de séismes, ni tremblements de terre, ouf !! Car la Grèce est habituée à ce genre de "soubresauts" depuis des millions d'années, mais bon, en ce moment, c'est plutôt tranquille, "fortunately" - heureusement - for me…

VOYAGES EN GRÈCE

Ceci me rappelle un film visionné quelques années plus tard ; Le jour d'après », qui est aussi un film des années 2000, voici la fiche pour ceux qui apprécient les fictions de ce genre : (Film catastrophe).

Le paléo climatologue Jack Hall (Dennis Quaid) et ses deux collègues effectuent une mission scientifique de routine en antarctique : le forage de carottes de glace. Cependant, le plateau de glace se détache soudain du reste du continent.

Des dérèglements climatiques importants se produisent sur la planète : trois hélicoptères de la RAF, piégés dans l'œil d'un cyclone, s'abattent car la température monstrueusement glaciale (−150 °F ou −101 °C, sachant que le record du monde est de −93 °C) a gelé leurs rotors ainsi que le carburant. Dans le même temps, d'énormes grêlons frappent Tokyo, de gigantesques tornades détruisent Los Angeles et New York est noyée sous les eaux qui finissent par geler pour transformer la ville en une gigantesque banquise.

C'est aussi l'histoire d'un père qui ira chercher son fils, Sam (Jake Gyllenhaal), bloqué avec un groupe de survivants dans la bibliothèque municipale de New York, qui est ensevelie sous les glaces.(Sources : wikipedia,) .

Ach So! Gross catastrophe !!! Je reparlerai

VOYAGES EN GRÈCE

ultérieurement de ce genre de problème climatique, qui, comme chacun sait, est dû en partie au genre humain…

Donc, le jour d'après, disais-je, je commence à explorer cette petite ville, tranquille en apparence, et fais la rencontre rapidement de voyageurs (euses) qui m'ont l'air sympas, et parlent bien anglais, vu qu'ils ne sont pas français (loin de moi, ou si près, si vous voulez, de conforter le dicton comme quoi les gaulois ne sont pas forts en langues étrangères, mais la réalité est que j'ai bien fortifié ce langage au cours de mes voyages en compagnie de gens de toute l'Europe, et que nous faisions l'union européenne avant l'heure, hormis les français (ses) que j'ai croisé très rarement, faut-il le dire aussi)…

Bref, comme disait Pépin, nous faisons

connaissance et allons boire un verre (ou plusieurs ; de Retsina) au café du coin ; oh, quelle infamie !, siroter de l'alcool au sein d'un café (c'est pour la blague) et parlons business,

c'est à dire boulots saisonniers dans le coin, puisque tout le monde a oublié l'artillerie lourde, flingues, lance-roquettes, grenades, etc., dans son pays d'origine pour se faire une banque (blague) vite fait, bien fait…

D'ailleurs, moi et mes collègues sommes venus dans ce pays afin de prendre une année sabbatique en bossant un peu, et surtout profiter du beau temps, tout en prenant du bon temps par la même occasion, et je sens que tout le monde essaie de la jouer réglos avec les grecs, car, comme je l'ai écrit plus haut, une grosse embrouille de quelque sorte que soit, et c'est direct la taule, et retour au pays d'origine, voire avec le remboursement des frais de

VOYAGES EN GRÈCE

rapatriement à sa charge, en sortant de "cabane" (ben ouais, même les ambassades font du fric dès qu'elles le peuvent aussi…

La journée se déroule donc tranquillement, et le soir venu, je vais squatter avec un couple de hollandais, une maison abandonnée qui jouxte des maisons en construction, spécialité bien indigène, puisque comme je l'ai notifié peut-être plus haut, mais je vous le redis quand même, parce que cela m'a marqué durablement, les grecs n'arrêtent pas d'ériger des bâtiments qu'ils ne finissent jamais ou presque, ceci afin (je viens de regarder sur le net, mais 25 ans après, donc, c'est peut-être une légende urbaine, justement) d'échapper aux impôts.

Nous passons une soirée agréable avec ce couple, mais sans faire un plan à trois, car, 1erement, on a pas la tête à ce genre de genre de galéjades, et secundo, on est bien fatigués par la journée à chercher du job en allant à droite et gauche dans la petite ville, qui, après 4 ou 5 retsinas, nous semble s'étendre comme les artères de Buenos-Aires. Donc, après nous être entretenu mutuellement sur nos différents périples ici et ailleurs, nous nous endormons du sommeil du juste, même si nous sommes des petits lascars, qui voyageons justement pour échapper, la plupart d'entre nous, à la justice aveugle de nos pays respectifs, à deux vitesses, tel un vtt sans braquets…

Bon… Pas de job sur la petite ville, à tous les niveaux, donc, je vais me balader dans les petites montagnes environnantes et au bout d'une demi-heure, je découvre un silo à grain, et commence à explorer l'intérieur de cette construction millénaire, et surprise, je vois un gars au cheveux longs qui était en repos, genre planton dans sa guérite au palais de

VOYAGES EN GRÈCE

buckingham- parabole - ; anglais, apparemment, et qui ne semble pas surpris outre-mesure de ma visite, même s'il reste sur ses gardes, bien qu'il ne fasse pas partie de l' armée de sa disgracieuse majesté du royaume désuni...

Il me reçoit quand même avec tout le flegme caractérisant les buveurs de thé d'outre-manche, et nous entamons une petite conversation sympathique…

nous palabrons quelques minutes, mais "Steve", je vais le nommer comme cela, car entre routards, il est rare qu'après une première rencontre, nous entamons une relation suivie, et montions une troupe de théâtre, et 100 représentations, à l'affiche aux "bouffes du nord" ou Mogador (salles de théâtres parisiennes).

Il m'explique qu'il dort depuis quelques temps dans cette construction de forme conique, même si mutuellement, nous faisons ceinture au niveau des pétards (cannabis), paradis relaxant fortement prohibé en Grèce à cette époque, et passible d'un emprisonnement durable (vrai), voire de la peine de mort (blague)...

Au premier étage, si je peux m'exprimer ainsi, se trouvait la réserve de grains de blé, orge, seigle, et au-dessus, un four à pains tout "cosi bene" à

Souhait. Steve se barre donc en vadrouille, sans Louis de Funès et Bourvil, ah ! Le traître !...

Une petite balade au sein des montagnes environnantes, histoire de me ressourcer, sans essayer de trouver une source d'eau potable : Je ne suis pas dans le Sahara, ma gourde de "retsina" est pleine, et je ne suis pas en mode survie, comme à certains moments de ce voyage.

VOYAGES EN GRÈCE

Je redescends vers Kalamata, et rejoins mes potes (êtèsses) oraux, quelquefois à leurs heures non perdues, qui, de concert, "are agree with me " - d'accord avec moi - qu'il n'y a pas de jobs pour nous ici, et nous nous préparons à rejoindre la Crête, surtout moi, en fait puisque la plupart des traveller's aiment bien faire du sur-place en vivant de leurs RMI ou Aides sociales de toutes sortes, dans leurs pays respectifs…

Voilà, je me prépare à prendre le ferry-boat, direction Héraklion, accompagné du couple de hollandais, qui contrairement à ce que je viens d'énoncer, n'ont pas froid aux yeux et aux orteils, et sont partant pour faire une virée en Crète.

Nous nous rendons donc au port de cette même ville, qui je l'ai appris il n'y a pas longtemps, ne fait plus la navette vers la crête : Maintenant, il faut se rendre à Gythio, mais bon, c'est pas loin donc " no problem"…

VOYAGES EN GRÈCE

D'ailleurs, nous passons devant un étal de poissons, calamars, crabes et autres produits de la mer, amené par Poséidon lui-même (joking) et nous craquons pour un petit restaurant où nous nous rassasions en vue de la traversée, avec un bon régime crétois, composé de ces ingrédients et légumes divers, mais pas tous dans le même plat, petites assiettes nombreuses, traditions des contrées méditerranéennes, je vous rassure, et le trio est prêt pour la suite des évènements…

Nous embarquons sur le bateau (ooooh.. mon baaaateau… ohoho) hem, excusez-moi, un relent d'une chanson de Eric Moréna, pour les aficionados des boîtes de sardines, aaah, zut !!!, de nuits, des années 80, avec pas mal de petits maquereaux aussi. La traversée se passe bien, et nous apercevons bientôt les Côtes du minotaure, ahhh, scusi encore, le littoral de cette île qui va me marquer de la

VOYAGES EN GRÈCE

même manière que le Péloponnèse. Mais ceci est une autre histoire…

Après avoir passé 3 mois dans le Péloponnèse, je m'apprête à remettre le couvert, sans assiette, la plupart du temps d'ailleurs, bosser et explorer

ce territoire: La Crète est le berceau de la civilisation minoenne, dont Knossos est le cœur et le site archéologique le plus important.

Je vais y passer encore 3 mois assez intenses, faits de travails, rencontres, et embrouilles aussi, puisque comme le chantait Renaud Séchan : "Si tous les gars de la terre voulait bien me lâcher la grappe", etc. ". Bref, si ce chapitre vous a conquis, comme dirait Alexandre le Grand, au sein de son immense empire, attablé avec ses généraux, à Babylone, ou ailleurs, rendez-vous pour la suite, "if you want"...

VOYAGES EN GRÈCE

Fin du chat-pitre.

TRANSITION ENERGETIQUE : UNE AUTRE SOLUTION !
HE ! DUCON, T'AVANCES AVEC T. POUBELLE ??
50 KILO WATT H
HI HAN HI HAN !!!
AXXXX !!!
KLAXXX !!!
ECO_LOGIC
JIPPÉ

CHAT-PITRE 9 < LA VIE SÉDENTAIRE>

Re-salut, les lecteurs et lectrices...

Bon, j'ai un logement depuis pas mal de temps en France. Cela fait 17 ans maintenant, mais il fallait bien que je quitte la route car je n'aurai pas tenu jusqu'à 50 ans. Je serai mort de l'alcool ou d'un couteau dans les flancs.

Je suis en train de regarder le meeting de Marine le Pen sur BFM TV. La chaîne d'information française en vogue en ce moment. Nous sommes en 2017, et la robotisation physique et mentale est bien installée dans ce pays.

 Normal, puisque Georges Orwell (1) dans son livre datant de 1949 : « 1984 » ou il parle du fichage des peuples et de l'aliénation par les machines : déjà ! C'est vrai que nous sommes le 26 février, et que c'est la campagne électorale

CHAT-PITRE 9 < LA VIE SÉDENTAIRE>

Pour les présidentielles du mois de mai. Donc tous les candidats se tirent la bourre et sont excités comme des fauves ayant pris de la cocaïne avant d'entrer dans l'arène…

D'ailleurs, c'est valable aussi pour les petits jeunes soi-disant d'extrême gauche qui ont bien mis la zone dans le centre de Nantes en cassant des vitrines et des abris-bus qu'ils fréquentent tous les jours (mort de rire…), avant les déblatérations de la frontiste Marine Le Pen… mais malheureusement nous ne sommes plus en 1968 et « sous les pavés la plage » se transforme en « hé, lundi c'est les cours de facs, on va pas finir au RSA quand même !!! ».

Enfin, bon, si j'étais un peu plus jeune, je me serais mêlé à ce défoulement salutaire pour mon âme rebelle et anarchiste.

CHRONIQUES D'UN ICONOCLASTE

CHAT-PITRE 9 < LA VIE SÉDENTAIRE>

Comme on dit dans les banlieues : « bandes de Bolos, en étant correct… ». Heureusement que j'ai connu l'époque ou le bordel bruyant était moins flagrant qu'à cette époque de merde que l'on nomme le 21e siècle. Allez, un petit poème (ou chanson, au choix) engagé, pour étayer mes propos…

QUOTIDIEN

Le jour infâme plane sur moi,

Empli de bruit, de travail abrutissant

Les robots s'emploient, et je ploie,

Sous le moderne stress, qui, confiant,

Qui, partout, règne en maître de foi…

CHRONIQUES D'UN ICONOCLASTE

CHAT-PITRE 9 < LA VIE SÉDENTAIRE>

Et j'essaie de rester zen, malgré tout

Entouré des hommes machines

Via la chine,

Portables, cartables, bandes associables

Égoïsmes érigés en forme de règle

Le monde est mal barré, tous le savent

Même les fous, mangeant leur seigle

La terre, notre mère

Est en indigestion

Lasse de tous ces inconscients

Après eux, le déluge,

Comme une finition

CHAT-PITRE 9 < LA VIE SÉDENTAIRE>

Les enfants, pondus

Barbotant dans la lave...

MARK LORDLING : 2016.

Bon, allez, après cet intermède assez abrupte mais réaliste selon moi, je vais tenter de parler de choses joyeuses, bien que ce soit difficile, car le quotidien est délicat pour moi (j'ai une pension d'invalidité, car ancien toxicomane comme je l'ai notifié dans les précédents chapitres) et les meilleures parties de ma vie sont derrière moi en ce moment...

Mais bon, je vais essayer de changer ma vie en recouvrant des lieux et des personnes, propices à mon épanouissement, ici ou ailleurs. En plus j'ai un pote qui vient de décéder d'abus d'alcools et de

CHAT-PITRE 9 < LA VIE SÉDENTAIRE>

Médicaments (comme deux amis en dix ans). J'ai 50 ans, donc c'est normal, mais c'est chaud quand même…

Avril 2017 ; Depuis 2 ans, les attentats terroristes sont en recrudescence dans le monde occidental. Charlie hebdo en 2015, Paris en 2016, et en Angleterre, Allemagne, Belgique, et maintenant Russie, le 3 avril 2017. Mais tout le monde se pose la question ; mais pourquoi nous ? Bah, c'est simple.

 Parce que les islamistes et autres peuplades du monde n'ont tout simplement pas la même culture, et en ont marre de se faire rabaisser par les soi-disant démocraties, soi-disant égalitaires et fraternelles (la bonne blague !). Les religions sont évidemment un prétexte pour buter un maximum de gens lors de ces coups de forces, qui font bien flipper les familles, patries,

CHRONIQUES D'UN ICONOCLASTE

CHAT-PITRE 9 < LA VIE SÉDENTAIRE>

travail…

Une petite phrase pour étayer mes propos ;

La télévision est l'opium du peuple,

Et les autres médias sont ses

cendres.

Mark Lordling : 2015

9 avril 2017 ; c'est dimanche, le jour du seigneur ou des saigneurs, ça dépend si on est catho ou musulmans. Il y a moins de bagnoles qui passent dans la rue aujourd'hui. Pas besoin de mettre des boules Quies pour le moment. La trêve hebdomadaire après une semaine de bordel légal. Samedi soir, comme d'habitude, des étudiants qui poursuivent des études de commerce, en essayant de les rattraper, car dixit eux-mêmes : bon bah nous, on fait ça parce que c'est le plus facile, c'est la voie de garage idéale, et on est sûr d'avoir du boulot ; Parce que, on

CHAT-PITRE 9 < LA VIE SÉDENTAIRE>

est dans un monde de consommation à outrance, et on est bien content comme ça, m'ont bien stressé la tête encore à raconter leurs vie sur la balcon d'à côté, en se prenant pour les rois du pétrole avec leur barils de vodka frelatés à 10 euros...

Pareil, hier soir, j'ai ouvert une paupière pour écouter et regarder, vu d'avion, un télé crochet sur TF1, la chaîne omnipotente du PAF qui réquisitionne des apprentis chanteurs (the Voice, en l'occurrence) qui passent à la télé quelques sessions, et croient être Andy Warhol[10] le temps d'un quart d'heure dans leurs vies, ainsi qu'il le préconisait... (La phrase exacte : tout le monde a droit à son quart d'heure de célébrité dans sa vie). (Sic)...

A part cela, toujours célibataire dans la ville Babylonienne, car travaillant dans ma location et n'ayant pas envie pour le moment de mettre 30 euros par mois sur des sites de rencontres, qui paraît-il, emploient des Escort girls pour attirer les pigeons en mal de couvertures genre « Voici ou « Closer ». Pitoyable aussi... Même dans les

---

Célèbre artiste américain des années 1960- 70 précurseur du pop art.

CHRONIQUES D'UN ICONOCLASTE

sports en général qui est une de mes passions (parce que cela me permet de penser à autre chose), les dés sont pipés aussi quand Daesh s'attaque à des cars de footeux, comme le 11 avril 2017, contre le bus de Dortmund qui a fait un blessé, et qui de fait du traumatisme des joueurs (3 bombes aux abords du car) a faussé la rencontre contre Monaco et par là même l'issue de la compétition…

Revenons à l'actualité de cette année 2017. Le premier tour des présidentielles est passé et nous avons (pas moi) donc, Emmanuel Macron, ancien ministre de l'économie de hollande, qui n'est ni à droite, ni à gauche, et Marine Le Pen qui n'est ni démocrate, ni en fin de vie, contrairement à son père qui va avoir bientôt deux bandeaux noir devant les yeux… Et qui voudrait bien se faire enterrer sous le bunker d'Hitler à Berlin.

Enfin, bref, les français affirment que c'est la peste ou le choléra, et qu'il va falloir administrer des vaccins dans les deux cas (parabole). Et que les acquis sociaux risquent d'être menacés par les deux requins s'approchant de la plage, où tout le monde se doute de quelque chose, contrairement au film « Les dents de la mer ».

Lundi 1e Mai 2017. Jour férié. Manifestations dans toute la France contre le FN, et à Nantes aussi. Mais bon, 4000 personnes dans la rue, et 15 locataires de mon immeuble (sur 16) qui font un concours de passage d'aspirateurs, pour

CHAT-PITRE 9 < LA VIE SÉDENTAIRE>

savoir qui prendra le plus la tête aux autres, vu qu'ils n'ont que ça à faire.

Dimanche 7 Mai ; 22 heures. Ça y est, l'ancien banquier Macron est élu président de la république des résidents, comme disait une chanson de Bashung, avec 66,10 % des voix contre 33,9 % pour Le Pen. Deux tiers pour un tiers et 25% d'abstentions et de votes blancs.

CHRONIQUES D'UN ICONOCLASTE

Jean-Luc Mélenchon affirme que les abstentionnistes sont arrivés en deuxième position des votes. Il a dû faire math en troisième langue, mais bon, pourquoi pas…

Mardi 9 Mai ; le soleil est de la partie aujourd'hui, et je regarde dehors, toujours à droite car il y a un petit parc avec des bancs et de la verdure qui me rappelle quand j'étais sur la route, libre et en communion avec la nature.

CHAT-PITRE 9 < LA VIE SÉDENTAIRE>

Je prévois d'ailleurs de partir en Dordogne dans quelques jours, afin de retrouver cette ambiance de calme et une certaine dolce Vita à l'italienne… Afin aussi de continuer à écrire ce recueil, qui me permet de raviver mes souvenirs, et de ne pas oublier ma vie passée, qui, par rapport à maintenant, était mouvementée mais intéressante…
  Allez, un petit poème assez court…

Je vais faire en sorte,

CHRONIQUES D'UN ICONOCLASTE

Pour   mes   vieux

jours, De sortir,

Par la grande porte

Sur ma planète,

Pas de prises de tête

Contrairement aux terriens,

Aboyant comme des chiens.

MARK LORDLING / 2017.

Un petit dessin politique pour illustrer la campagne présidentielle de 2017…

CHAT-PITRE 9 < LA VIE SÉDENTAIRE>

CHAT-PITRE 9 < LA VIE SÉDENTAIRE>

D'ailleurs, en ce moment, quand on rencontre quelqu'un, et surtout quelqu'une, il ne faut pas dire : comment tu vas ? Mais : Combien tu vaux… - Mark Lordling : 2015.

Voilà, et maintenant Macron a formé son gouvernement moitié de droite et des miettes pour la gauche, lui qui se comporta en petit élève obéissant lorsque Hollande fit la passation de pouvoir après l'avoir introduit en politique en tant que ministre de l'économie pendant 2 ans…

Mardi 12 septembre 2017 : Pas encore parti en vacances, car j'attendais le retour de la transhumance des moutons humanoïdes, et temps variable sur le nord de la France où je survis actuellement. Je blague à moitié car moi aussi je suis un numéro, dans ce monde fliqué et fiché…

CHAT-PITRE 9 < LA VIE SÉDENTAIRE>

Mercredi 4 octobre : Tiens, Raphael (le chanteur, pas le peintre ; lui, il était sur d'autres chantiers, avec quelquefois Michel-Ange son ennemi et faisaient des batailles de Flash-Ball munis de leurs pinceaux multicolores (véridique). Donc le susdit chanteur vient de sortir un album ou il parle entre autres de l'invasion des portables omniprésents dans la vie des gens, et de l'incommunication que cela génère…

Anecdote dans un ascenseur (Véridique) : lui, un ami, et sa femme essaient de converser mais sont interrompus toutes les 10 secondes car messages ou appels se succèdent à la fréquence d'une rame de métro new-yorkaise, et donc la chose importante qu'il avait à énoncer attendra la fin de la journée et le langage des marmots à la casa (maison en français).

CHAT-PITRE 9 < LA VIE SÉDENTAIRE>

Dimanche 23 Octobre : Réveillé tard, car en conversation la veille avec un pote musicien pour un projet de graphisme pour son double cd : Pour information, ceux qui me lisent et qui ont internet peuvent écouter ce qu'il fait sur YouTube sous le nom de « Tædium Vitae » ou "Baron de la Tour". C'est du post punk tendance planant, avec des titres courts ou des versions de 9 mn, pour ceux qui connaissent un peu les groupes de rocks progressifs tels Yes ou Pink Floyd. Tout ça pour vous dire que j'essaie encore et toujours de produire des dessins satiriques, peintures et textes en free-lance, parce que cela me plaît depuis l'âge de 10 ans, sachant la vie de marginal que j'ai mené dans ma jeunesse ;

Existence borderline par contrainte aussi, puisque j'ai 52 ans et que même si je fais une formation dans quelques domaines que ce soit ;

CHAT-PITRE 9 < LA VIE SÉDENTAIRE>

Restauration ou infographie, j'aurais une chance sur cent de trouver une entreprise qui veuille bien m'embaucher. À part cela, il faut travailler jusqu'à 64 ans d'après ce que le gouvernement nous impose pour toucher une retraite minimale, et finir sa vie dans une maison de retraite, en pouvant être maltraité ; (Justement !!).

Bref, c'est bien la zone et pas qu'en France, tout le monde y pense mais peu le disent car peur de perdre un travail et le reste. A part cela, je passe quand même de bons moments lorsque je sors prendre un verre dans mes bars favoris, et quand le tenancier me fait la faveur de me servir une bonne bière en compagnie de bons potes, ou de connaissances pas trop connus d'himself. - moi-même -. Tiens, c'est vrai que j'ai un portrait à rendre et à

CHAT-PITRE 9 < LA VIE SÉDENTAIRE>

Vendre, et une illustration au fusain d'une photo de moine asiatique pas asthmatique, qui peuvent mettre de l'huile dans les épinards car je ne cuisine pas souvent au beurre, plus cher et aussi calorique, contrairement au film de Gilles Grangier sorti en 1963 avec Fernandel et Bourvil, qui s'intitule justement : « La cuisine au beurre ».

A part cela, vu que mes moments sont comptés, j'aimerais bien avoir de belles histoires à raconter avant le trépas, à la fin du dernier repas... Vous avez remarqué les jeux de mot, "i presume"[11]. Nous sommes au mois de Janvier, le 25, et j'aimerai bien bouger vers la montagne, afin de me mouvoir dans le « paradis blanc » comme le chantait Michel Berger (rip), mais je souhaiterais y aller en compagnie d'un pote, puisque comme je l'ai vociféré, pardon, écrit

---

se : en anglais.

CHAT-PITRE 9 < LA VIE SÉDENTAIRE>

dans le poème quelques pages plus haut, c'est chacun pour sa tête dans cette époque égoïste, et pour avoir une discussion durable avec un humanoïde en ce moment, cela est impossible en voyage, à moins de commencer un projet de business qui fait allumer dans leurs regards deux sigles (d'euros ou de dollars) à la mode cartoons de Walt Disney, ce qui me sied si cela aboutit à quelque chose…

8 Mars 2018. Cela fait quelques jours de soleil dans l'ouest de la France, et j'en profite pour mettre le nez dehors et m'aérer la tête et les testicules, qui en ont bien besoin, après 3 mois de pluies intermittentes, qui font partie du spectacle hivernal. (Celle-ci : la pluie) devrait d'ailleurs être rétribuée en tant qu'intermittente du spectacle) puisqu'elle contribue fortement à l'agriculture, à l'eau pour la vie terrestre, et à

CHAT-PITRE 9 < LA VIE SÉDENTAIRE>

Prendre une douche chaque jour pour les maniaques de la « propreté » en utilisant bien sûr des gels qui polluent la planète, mais bon, après eux le déluge évidemment… et trois jours de neige qui m'ont mis du baume au cœur, puisque je n'ai pas pu m'y rendre pour le moment.

« Le siècle des lumières s'est éteint au 18e siècle : Maintenant, c'est le siècle des abat-jours ». (Mark Lordling : 2016).

 Phrase extirpée de mes cahiers de textes dans lesquels je note quand je suis inspiré, ce genre de propos et les projets de dessins que je dois faire, et ceux que je n'aurais pas le temps de produire, vu que, « je suis tel une ampoule éphémère sur cette planète que l'on appelle la terre » Tiens ! Celle-ci je vais la

CHAT-PITRE 9 < LA VIE SÉDENTAIRE >

Noter dans mes cahiers, car je viens de la faire en direct, messieurs, dames. Cela est vrai aussi que depuis que j'ai débuté ce recueil de souvenirs, j'ai pris deux ans d'âge dans la tête (52, mais bon, tant que ce n'est pas une balle de 22 long rifle, ça va encore). Allez, « soyons désinvoltes, et n'ayons l'air de rien » comme le chantait Bertrand Cantat (Noir Désir).

10 avril 2018. Je viens de regarder une série fictionnelle française sur des gens (un couple avec enfants) qui changent de vie en emménageant à la montagne près de Chambéry, dans un chalet très cosy, mais avec tous les clichés du genre : accueil peu causant, 3 morts au bout de vingt minutes (heu, pardon, je me suis trompé avec un film d'action où s'excite Vin Diesel, qui carbure au super gasoil dans sa Ferrari Testa Rossa : « Fast and Furious » pour

CHAT-PITRE 9 < LA VIE SÉDENTAIRE>

Les adeptes.

Aujourd'hui, c'est le 1er Mai, jour férié. Je scotche sur le ruban adhésif fixé au mur, pour éviter de tourner en rond dans ma carrée. - Mark Lordling : 2018.

Même pour les activistes de la ZAD à notre Dames des Landes, c'est jour de repos car les CRS sont en familles, pendant que bobonne fait tourner une machine, pour laver les uniformes maculés de boues et souillés par ces infâmes anarchistes anti-aéroport, qui feraient mieux de se ranger dans la société et chercher un emploi convenable au lieu de squatter dans des cabanes genre « la petite maison dans la prairie », et qui jouent les hippies post soixante-huitards avec des conditions de vies précaire, alors qu'ils seraient bien mieux chez leurs parents en jouant à la Playstation, en révisant leurs cours, ou

CHAT-PITRE 9 < LA VIE SÉDENTAIRE>

Devant la sainte télé, mère de Dieu (pardon, je m'égare). Ce paragraphe est évidemment une parodie, et un plaidoyer envers ces derniers avec lesquels j'ai une certaine affinité, même si pour certains(es), ils n'ont pas besoin de gel douche, puisque ils se feront bien mousser en racontant leurs exploits de retour à la fac ou l'usine pour d'autres…

2 juin 2018. En Mai, fais ce qu'il te plait ; En juin, fume des joints. Bon, ça, c'était pour la blague du jour…

Sérieusement, aujourd'hui, je fourmille d'idées ; tel une termite sortant de son monticule fait de bouse et de terre, essayant d'oublier que le monde humain n'est finalement qu'un vaste camp de concentration, surveillé par des kapos que l'on nomme les "gardiens de la paix" ; La

CHAT-PITRE 9 < LA VIE SÉDENTAIRE>

Justice et la morale bien-pensante.

A part cela, je m'aperçois qu'à force de vivre dans un logement comme presque tout le monde dans cette grande ville de France, mon âme de révolté en prend un sacré coup, au propre comme au figuré, quand il m'arrive d'éloigner les lascars avec des prises de close combat, ou réflexes de la rue…

 Mais bon, à mon âge et mon regard qui dit : Essaie, mon gars, mais à mon avis tu risques de rentrer chez toi, gratuitement, en ambulance, ou d'être nourri, logé à l'hosto pour quelques jours. De plus, moi qui me considérais comme quelqu'un d'assez libre lorsque je pouvais bouger, en prenant mon sac à dos, ma brosse à dents, et laisser un appartement du jour au lendemain sans préavis (véridique) quand je ne

CHAT-PITRE 9 < LA VIE SÉDENTAIRE>

trouvais pas de boulot au lieu-dit, ou que l'atmosphère était délétère... Eh bien, cela fait un bon bout de temps que je suis dans le coin, et vu que je n'ai plus 20 ou 30 ans, va falloir que l'escargot sorte de sa coquille, sinon il va finir avec du beurre persillé...

De plus, quelle banalité cette vie sédentaire !!! Bouffer, aller aux toilettes, pour rester poli, bosser un peu, niquer la secrétaire de temps en temps, se surveiller les uns les autres (Big Brother) et hop, à 20 heures, tout le monde devant le journal de 20 heures, justement. Un film de TF1 bien commercial à souhait, après les quinze minutes de pubs réglementaires, qui finissent de bien anesthésier la tronche, une petite fellation avant de dormir, ou « la veuve poignet » pour les autres, et le lendemain, rebelote et dix de der. Génial !!!

CHRONIQUES D'UN ICONOCLASTE

CHAT-PITRE 9 < LA VIE SÉDENTAIRE>

9 Juillet 2018. Aujourd'hui, j'attends la visite de Scarlett qui doit enfin m'annoncer si John a bien rompu avec Rebecca, et si j'ai mes chances envers cette dernière ! Suspense…

J'écris ces trois phrases pour vous montrer que je pourrais très bien produire une autobiographie telle les « célébrités » du show-biz ou de la télé, mais pour ceux et celles que cela lasse de savoir avec combien « d'amis » ils ont couchés ou quelle était la marque de chocolat qu'ils préféraient dans leurs enfances, je m'abstiendrais de rentrer dans ce débat hautement culturel…

18 Juillet ; Ca y est, la coupe du monde de foot est terminée avec la France en chantre du jeu à l'italienne : Catenaccio derrière et contre-

CHRONIQUES D'UN ICONOCLASTE

CHAT-PITRE 9 < LA VIE SÉDENTAIRE>

attaques opportunes quand les adversaires en avaient marre de se heurter à la ligne Maginot, ou au mur de l'atlantique, cela dépend de quel côté l'on se place, évidemment. Au final, ils ont obtenu le saint-graal avec une deuxième étoile sur leurs maillots. (ainsi, ils peuvent s'acheter des restaurants hauts de gamme) : (sic). Et l'assurance de défiler sur les Champs-Elysées tels des gladiateurs antiques à la mode « du pain et des jeux » sauf qu'ils ne se sont pas entretués pour le plaisir de l'empereur Macron, et qu'ils vont toucher des primes à tire-larigot en plus de leurs salaires conséquents en clubs, et qu'ils n'ont pas besoin de connaître Jean-Paul Sartre, ou d'ouvrir un bouquin, afin de prodiguer des interviews dans un français peu littéraire (pas du tout même), puisque leurs avenir est assuré en tapant dans la baballe…

CHRONIQUES D'UN ICONOCLASTE

CHAT-PITRE 9 < LA VIE SÉDENTAIRE>

6 Août 2018 ; la dichotomie et la sournoiserie sont toujours de mise à mon réveil (et ceux des autres aussi), ce qui m'inspire ce petit trait d'humour vache, après avoir bu mon lait au chocolat du matin…

Identifiant : Guantánamo.

Mot de passe : Prisonnier.

Confirmation du mot de passe :

Prise de tête récurrente.

Hier soir vers 20h30, je suis sorti boire un verre (d'ailleurs on devrait changer l'expression, puisque pour la plupart des gens, c'est plutôt plusieurs en général) cela tombait bien car c'était samedi, et justement ça me disait bien

CHRONIQUES D'UN ICONOCLASTE

CHAT-PITRE 9 < LA VIE SÉDENTAIRE>

(jeu de mots), de bouger. J'aurai pu emmener mon matériel pour faire des caricatures, mais j'avais bossé l'écriture dans l'après-midi, et je souhaitai me détendre en rencontrant des quidams divers et variés, mais pas trop avariés... (Ceci est un trope, je dirai même plus, une mise en trope, ah ah)...

10 août ; Pas encore parti en vacances, puisque un de mes potes m'a conseillé d'éviter entre le 15 juillet et le 15 août, période où les familles françaises, et d'autres pays squattent les clubs de vacances, les hôtels, les gîtes, les plages, la montagne, la campagne et même la planète Mars (blague genre asiatique, avec un sourire jaune, qui ne s'est pas lavé les dents depuis un mois). Bref, tout ça pour vous dire que, lorsque l'on est célibataire, et même avec de l'artiche de côté, c'est dur de se motiver pour bouger, vu

CHRONIQUES D'UN ICONOCLASTE

CHAT-PITRE 9 < LA VIE SÉDENTAIRE>

que rencontrer des gens en voyage n'est pas une sinécure, et est devenu un exercice des plus ardus…

20 Août ; je me remets à écrire sur le pc car, idem, pas le choix ; Si je note tout cela sur un cahier comme avant, et bien, lorsque je trépasserai, mon manuscrit finira soit à la poubelle, comme quatre cartons à dessins que j'ai laissé chez des gens mal intentionnés… (je préfère penser à autre chose, sinon je vais prendre mon flingue (dixit ; moi-même, Renaud et Gainsbourg) ou dans le grenier familial ; Enfin, ce qu'il en reste : De famille…

La pensée unique. Quelle belle préconisation ! La robotisation de toutes choses par les humanoïdes, pour les humanoïdes. Pareil pour la forme artistique de toute chose ;

CHRONIQUES D'UN ICONOCLASTE

CHAT-PITRE 9 < LA VIE SÉDENTAIRE>

aseptisation : De l'art bien propre sur lui, bien conforme au dictat de la société, qui reste bien dans les clous, et ne tolère que rarement des formes, genre les années 1970, ou le surréalisme…

Je parle en connaissance de cause, puisque j'ai fait un an et demi de beaux-arts à Paris en 1984 et Tours en 1985, et nous pouvions « délirer » à partir d'un thème donné par les profs, mais bon, pas trop quand même. Ceci dit, je ne vais pas faire d'acrimonie envers les écoles de graphisme actuelles, puisque je pense que les élèves ont une certaine liberté pour leurs travaux, et ne sont pas enchaînés avec des boulets aux pieds, ou sont inscrits "fais pas ci, fais pas ça".

CHRONIQUES D'UN ICONOCLASTE

CHAT-PITRE 9 < LA VIE SÉDENTAIRE>

A part cela, je dois faire une remise à niveau informatique via pôle emploi, afin de pouvoir faire une formation dans le graphisme sur ordinateur. Mais bon, ce sont les douze travaux d'Astérix (et Obélix) qui recommencent, avec inscription, rendez-vous à 8 heures du mat pour passer à 10 heures à peu près devant le juge d'instruction (heu, pardon, c'est une autre histoire qui ne me concerne pas en ce moment) je voulais dire le "conseiller" qui pourrait débloquer les fonds nécessaires, sans être obligé de braquer le fourgon (de fonds) pour faire tout ceci, et me remettre ainsi le pied à l'étrier, sans être obligé d'amener mon cheval en caution. (Faut pas exagérer : sic).

15 septembre : Cela fait deux mois que la finale de la coupe du monde de foot est terminée, et c'est l'anniversaire de ma dernière

CHAT-PITRE 9 < LA VIE SÉDENTAIRE>

baston ce jour même, dans un bar que je fréquente assidûment, et assis dûment, alors que je réalisais tranquillement deux caricatures que m'avait proposé un groupe de guyanais sympas contre une bière et un lunch. D'ailleurs, ils ne m'avaient rien demandé en échange, mais je sentais bien qu'il fallait que je fasse donnant- donnant, sinon ils auraient fait la gueule, et moi aussi. La soirée se passe bien et un gars qui sortait de taule et avec qui j'avais discutailler auparavant, vient me prendre la tête alors que j'étais au comptoir en train de décompresser, et me dit tout de go :

- bon, maintenant, tu prends tes affaires et tu te casse.

- ah bon, t'es le patron ici ?

- non, mais j'en ai marre de voir ta gueule...

CHRONIQUES D'UN ICONOCLASTE

CHAT-PITRE 9 < LA VIE SÉDENTAIRE>

Vu que j'avais passé une bonne soirée et que je ne voulais pas gâcher le bon moment convivial, à cause d'un gars qui n'appréciais pas les artistes, ou qui était simplement jaloux que des gens puissent s'exprimer en faisant du bien aux autres, car les deux dessins les avaient bien fait marrer au sens positif du terme, je prends donc mon sac à dos et je fais 50 mètres en direction de « at home », mais là, je stoppe et je me dis : " c'est vrai que j'ai évité quelques bastons quand j'étais sur la route, pour de multiples raisons que je regrette d'ailleurs aujourd'hui, mais bon, s'il avait fallu que j'honore la totalité de ces embrouilles en dix ans, je ne serais plus de ce monde depuis longtemps…

Donc, je retourne sur mes pas et me redirige vers le bar- restaurant haïtien où j'ai mes petites habitudes, et avise le taulard en question et lui

CHRONIQUES D'UN ICONOCLASTE

CHAT-PITRE 9 < LA VIE SÉDENTAIRE>

Enjoint de me retrouver devant le boui-boui, non pas pour fumer le calumet de la paix, mais pour finir la discussion, qui termine évidemment par : il me met un coup de tête (ok). Je ne bouge pas d'un iota. Je lui mets un coup de boule aussi en retour et comme cela 5 fois de suite (à tour de rôle). Ben, maintenant, les choses sont claires, et je rentre finir mon verre de bière sous le regard circonspect du chéri-bibi, qui, je le vois, est quand même bien étonné de ma résistance à la baston.

Enfin bon, voilà le quotidien d'un samedi soir en France lorsque l'on sort en solo dans les troquets, afin de passer un bon moment, et qui se termine souvent par ce genre de choses… (Fin de la parenthèse). Qui n'en n'est pas une d'ailleurs, car c'est quand même grave de

CHAT-PITRE 9 < LA VIE SÉDENTAIRE>

s'embrouiller la tête quand on n'a rien demandé à personne, comme on dit, et que des primates frustrés et jaloux comme je l'ai écrit plus haut, viennent te prendre la tête (c'est le cas de le dire) et contribuent à entretenir la méfiance et le climat anxiogène qui règne dans cette société de m….

Bon ; revenons à nos moutons (c'est le cas de le dire aussi). Je ne parle pas spécialement de ceux et celles qui jetteront un œil sur ce récit, je l'espère en tout cas.

15 décembre 2018 : Il est 5h30 du matin et comme souvent j'écris « in the night » puisque, c'est bien connu, « l'inspiration vient quand on peut mieux respirer » (Mark Lordling : 2018). Au calme relatif d'une grande ville impersonnelle et bruyante.

Je vais vous parler des gilets jaunes, vous savez, ce mouvement qui à démarrer il y a un mois à peu près,

et qui revendique non pas la libération des tricoteuses

de France, qui sont bien peinardes à la casa en train

CHAT-PITRE 9 < LA VIE SÉDENTAIRE>

de confectionner des pulls, chaussettes, pour leurs hommes, enfants, et même yorkshires, et qui pour confectionner des pulls, chaussettes, pour leurs hommes, enfants, et même yorkshires, et qui pour certains et certaines sont partis au "front" revendiquer plus de fric pour les "salaires de la peur", moins de taxes de toutes sortes, afin de ne pas finir empaillés par les taxidermistes lorsqu'ils seront ad patres…

La manif des susdits a d'ailleurs dégénéré sur Paris la semaine dernière, puisque tels des éléphants dans un magasin de porcelaine, ils ont cassé pleins de sculptures et autres bustes dans l'arc de triomphe, et évidemment, vitrines de magasins, poubelles en feu, abris bus etc. Oh, les chenapans…

CHRONIQUES D'UN ICONOCLASTE

CHAT-PITRE 9 < LA VIE SÉDENTAIRE>

11 janv. 2019. Voilà, l'année à basculé en France et en Europe, mais la mentalité occidentale changera, que raconte-je, elle ne changera pas, même à l'aune de la 3e guerre mondiale, et dernière, à mon avis. Qui devrait, selon Elizabeth Teissier et Madame Soleil, être nucléaire ou pas, dis-je en regardant la tête de mort posée sur son squelette, trônant dans le cabinet de ma doctoresse attitrée, qui ne s'appelle pas madame Hamlet, ni madame Omelette, mais qui fait bien semblant de rester zen aussi, malgré les spasmes et les tics qui la secouent…

15 Janvier : Après mon retour de vacances pendant lesquels j'ai bien trippé sur la planète Mars, pour le ski de fond, et Jupiter pour la bronzette, je suis de retour sur terre où je m'aperçois que rien n'a changé (évidemment) et

CHAT-PITRE 9 < LA VIE SÉDENTAIRE>

où en France, les gilets jaunes tiennent toujours le haut du pavé en balançant des gaz lacrymogènes et en se fritant avec les flics tous les samedi en début d'après-midi, après avoir déjeuner au Mac do (que quelques-uns vont fracasser un peu plus tard) et bu quelques coca-cola qui remplacent agréablement la plante du même nom, afin d'avoir l'énergie pour réitérer les slogans récurrents et affronter les vilains CRS, qui font d'ailleurs, pour certains, peut-être partie de leurs propres familles de sang…

Un petit quatrain, avant de prendre le car…

J'ai connu quelques primates

Au teint d'albâtre

D'autres aux visages mats

CHRONIQUES D'UN ICONOCLASTE

CHAT-PITRE 9 < LA VIE SÉDENTAIRE>

Dans des lieux plus ou moins baths

Mais les seuls qui m'épatent

Sont sous terre, dans des lattes.

Marc Robert 2019.

15 Juillet ; Ca y est, les "moutons électriques" (Philip k Dick) sont partis en transhumance à bord de leurs bagnoles fonctionnant pour la plupart à l'essence ou au diesel : les véhicules électriques ou autres seront en majorité dans quelques temps à l'époque du roman de SF ''Blade Runner'' du même auteur.

Mais bon, je pense que je ne serai plus de ce monde, ou alors réincarné en chauve-souris afin de jouer dans " Batman "no 10 dans 30 ans…

CHRONIQUES D'UN ICONOCLASTE

CHAT-PITRE 9 < LA VIE SÉDENTAIRE>

Si les humains ne déclenchent pas la dernière guerre nucléaire en appuyant sur leurs petits boutons rouges par inadvertance, en croyant qu'ils sont encore dans leurs parties de "Call of duty", jeu vidéo très en vogue en ce moment…

Bah ouais, faut bien qu'ils s'occupent, les Trump, Iraniens, Indiens, Chinois, Nord-coréens et compagnie, entre deux prises de tête dictatoriales.

A part cela, (oui, je sais, je pourrai dire : A part ça, mais je ne suis pas dans un troquet en train de refaire le monde, avec des connaissances de comptoirs ou des potes après la cinquième bière, ce qui s'apparenterait plutôt à "défaire le monde"... Pour ma part, j'ai pris quelques jours de "permissions" dans le sud de la France,

CHRONIQUES D'UN ICONOCLASTE

CHAT-PITRE 9 < LA VIE SÉDENTAIRE>

relatés dans le chapitre "la révolte du mouton électrique" - tome deux des chroniques -, donc je ne vais pas m'étendre sur le sujet "présentement", comme dirait un homme, ou une femme arrivant tout droit du Sénégal, avec son diplôme de docteur es "tu vas bosser à la campagne en déshérence car on n'a plus de toubib en France profonde…

Mais bon, c'était dans les années 80-90, ça a peut-être changé, mais je ne suis pas abonné à Minute, ou Point de vue, Images du monde…

Bon, les amis, fin de la première partie de ce chapitre. Rendez-vous pour le second dans un autre recueil (sans écueils si possible) si celui-ci vous a agréé...

CHRONIQUES D'UN ICONOCLASTE

CHAT-PITRE 9 < LA VIE SÉDENTAIRE>

CHRONIQUES D'UN ICONOCLASTE

Remerciements :

Á mes amis, mes ennemis, qui m'ont encouragé tout au long de ce processus d'écritures, et sans qui j'aurais été obligé de regarder les « douze coups de midi » et le journal de vingt heures, chaque jour que la nature m'alloue…

Mark Lordling : 2019.